# Schreiben -kinderleicht

## Texte planen, schreiben, überarbeiten

# 2

2. Schuljahr

Iris Bochmann
Reinhard Bochmann
Marita Koblenz-Lüschow
Marita Schims
Angelika Steck-Lüschow

Schroedel

# Inhaltsverzeichnis

Seite



**Das bedeuten die Symbole:**

Hier soll gemeinsam über die geschriebenen Texte gesprochen werden.

Hier stehen Tipps zu *Texte verfassen* und *Rechtschreibung.*

Die Aufgabe soll im Heft fortgesetzt werden.

Name Klasse

## 1 Ein Lied weiterdichten

**planen**

❶ Sprecht, klatscht und singt das Lied.
Welche Wörter im Lied reimen sich? Kreise sie ein.

Text und Melodie: Ortfried Poersel

❷ Suche die Reimwörter und schreibe sie auf.

| Riese | Hase | Wurm |
|---|---|---|
| (W) ________ | (N) ________ | (T) ________ |
| **Fliege** | **Lupe** | **Maus** |
| (Z) ________ | (H) ________ | (H) ________ |
| **Hund** | **Hahn** | |
| (M) ________ | (Z) ________ | |

❸ Schreibe die Reimwörter auf.

H
R **-ose** D

St
W **-ein** B

B
R **-aum** S

________
________
________

• *Reimwörter finden*
• *erkennen, dass unterschiedliche Anfangsbuchstaben die Bedeutung eines Wortes verändern*

Name Klasse

# 1 Ein Lied weiterdichten

**schreiben**

Hier haben Kinder eigene Liedanfänge zu der Melodie auf Seite 3 aufgeschrieben.

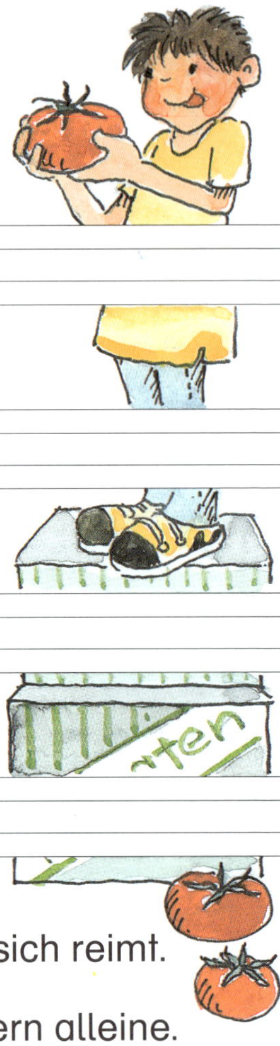


Nina kann gut malen,

▶

Nico isst Tomaten,

◀

David sammelt Steine,

▼

Silja spielt im Garten

▲

❶ Schreibe jeweils die Liedzeile unter jeden Liedanfang, die sich reimt.

◀ Timo mag gern Braten.

▲ auf der Schaukel Karten.

▼ er spielt gern alleine.

▶ Lisa liebt die Zahlen.

❷ Dichte selbst und schreibe deine Zeilen auf. Du kannst in den Zeilen oben auch die Namen austauschen oder zwei Reime abschreiben.

Könnt ihr die Reime klatschen oder singen?

- *Liedzeilen, die sich reimen, einander zuordnen*
- *Zweizeiler erfinden und aufschreiben*

Name Klasse

# 1 Ein Lied weiterdichten

**1** Wie enden die Wörter? Setze die fehlenden Buchstaben ein.

Ich sehe ein_____ braun _____ Hasen

über grün_____ Wiesen rasen.

Ein_____ alt_____ Krabbellaus

saß einmal vor ein_____ Haus.

Lukas turnt in ein_____ Baum,

Ben hat ein_____ schön_____ Traum.

Ein_____ dick_____, klein_____ Maus

jagt der schwarz_____ Kater Klaus.

**2** Schreibe zwei vollständige Reime ab.
Du kannst auch selbst dichten. Achte dabei auf die Endungen der Wörter.

Beim Sprechen und Schreiben müssen die Endungen der Wörter beachtet werden.

- *fehlende Endungen einsetzen*
- *Reime aufschreiben, dabei auf die richtigen Endungen von Artikeln und Adjektiven achten*

Meine Reime

Name Klasse

## 2 Eine Tiergeschichte schreiben

**planen**

Kora hat ein Kaninchen geschenkt bekommen. Es heißt Hoppel.
Manchmal darf Hoppel im Zimmer mit Kora spielen.
Aber auf einmal ist das Kaninchen weg. Kora sucht überall.

1. Erzähle, wo Hoppel sich versteckt hat.

2. Was ist richtig? Verbinde die Satzteile, die zusammengehören.

| | |
|---|---|
| Kora sucht ihr Kaninchen | unter dem Tisch.<br>in der Ecke. |
| Sie schaut | zwischen den Bauklötzen.<br>hinter dem Sessel. |
| Endlich findet Kora Hoppel | im Regal.<br>unter dem Schrank. |

3. Schreibe auf, wo Kora ihr Kaninchen sucht und findet.
In der Wörterliste kannst du Wörter nachschlagen.

- *Satzteile verbinden*
- *Sätze aufschreiben*

Name Klasse

## 2 Eine Tiergeschichte schreiben

❶ Wo hat sich Koras Tier versteckt?
Male es in eines der Bilder. Probiere einmal aus, diese Bildergeschichte zu erzählen.

**Wo ist Koras Tier?**

❷ Verbinde die Satzteile.

| | |
|---|---|
| 1. Koras Kaninchen | im Bad. |
| 2. Sie sucht | im Garten. |
| 3. Kora schaut | ist weg. |
| 4. Sie forscht auch | unter dem Bett. |
| 5. Kora findet ihr Tier | unter dem Schrank. |

❸ Schreibe Koras Erlebnis auf.
Du kannst auch deine eigene Geschichte aufschreiben.



- *nach Bildvorgaben Satzteile zusammenfügen*
- *eine Tiergeschichte schreiben*

Name Klasse

## 2 Eine Tiergeschichte schreiben

❶ Wo ist ein Satz zu Ende? Ziehe hinter jedem Satz einen Strich. (So: |)

Martin sucht seine kleine Katze

die Katze ist nicht im Garten sie ist

auch nicht im Sandkasten Martin findet

sie nicht auf der Schaukel seine Katze

hockt im Gebüsch

❷ Schreibe die Geschichte nun richtig ab.
Vergiss dabei die Punkte nicht und schreibe am Satzanfang groß.
Du kannst auch eigene Sätze dazu schreiben.

Überprüft die Punkte und Satzanfänge in euren Geschichten.

Am Satzanfang schreibt man groß.
Am Ende eines Satzes steht ein Punkt.

- *in einem Text die Satzenden finden und markieren*
- *Satzanfänge groß schreiben*

Meine Tiergeschichte

## 3 Zum Geburtstag eine Glückwunschkarte schreiben

**planen**

❶ Lest das Gespräch mit verteilten Rollen.

„Übermorgen hat dein Opa Geburtstag!“

„Ich könnte ihm ja eine Karte schreiben.“

„Das ist eine gute Idee. Darüber wird er sich bestimmt freuen.“

„Wo wohnt Opa denn?“

„Er wohnt im Taubenweg 14, in 40479 Düsseldorf.“

❷ Ordne die Begriffe zu.

| | | |
|---|---|---|
| Hausnummer – | Postleitzahl – | Vorname |
| Ort – | Nachname – | Straße |

| | | |
|---|---|---|
| | *Josef Keller* | |
| | *Taubenweg 14* | |
| | *40479 Düsseldorf* | |

❸ Vielleicht möchtest du auch jemandem eine Glückwunschkarte schreiben.
Schreibe hier zwei Adressen auf.

| | |
|---|---|
| Vorname Nachname | |
| Straße Hausnummer | |
| Postleitzahl Ort | |

- *wichtige Begriffe einer Adresse zuordnen*
- *Adressen richtig aufschreiben*

Name Klasse

## 3 Zum Geburtstag eine Glückwunschkarte schreiben

**schreiben**

Laura überlegt erst einmal, was sie schreiben kann.

1 Was könntest du dem Opa, der Oma, dem Onkel, der Tante, dem Freund oder der Freundin zum Geburtstag schreiben? Lauras Ideen helfen dir.

Wie habt ihr eure Briefe begonnen? Und wie habt ihr sie beendet?

- *Stichwörter aufschreiben*
- *einen Text für eine Glückwunschkarte schreiben*

Name Klasse

## 3 Zum Geburtstag eine Glückwunschkarte schreiben

Lukas ist im ersten Schuljahr. Er möchte seinem Onkel zum Geburtstag schreiben. Seine Schwester gibt ihm ein paar wichtige Tipps:

„So kommt deine Karte nicht an. Du musst die Adresse richtig aufschreiben. Die genaue Adresse heißt: **Hans Müller, Kirchweg 15, 20099 Hamburg**. Der Absender bist du selbst: **Lukas Funken, Hauptstraße 4, 52477 Alsdorf**."

❶ Schreibe die Adresse und den Absender vollständig und richtig auf.

ABSENDER

Postleitzahl Ort

Straße und Hausnummer oder Postfach

Postleitzahl Bestimmungsort

Bei Postkarten, Briefen und Paketen müssen Adresse und Absender vollständig und in der richtigen Form aufgeschrieben werden.

# HERZLICHEN GLÜCKWUNSCH

Name Klasse

## 4 Tiere sprechen lassen

**planen**

Eva erzählt von einem neuen Tierbuch.
Es handelt von einem kleinen Löwen.
Seltsamerweise heißt er Reißzahn . . .

**1** Wie ist Reißzahn? Setze die Adjektive ein.

Er ist nicht schnell, sondern ______________ .

Er ist nicht mutig, sondern ______________ .

Er ist nicht lustig, sondern ______________ .

Er ist nicht stark, sondern ______________ .

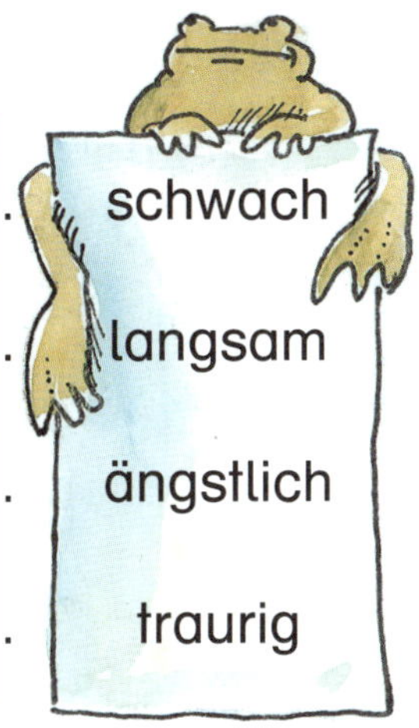


**2** Wie sind diese kleinen Löwen? Wähle Adjektive aus.
Schreibe eigene Wörter dazu.

wild verspielt lustig aufmerksam lieb
laut träge brav beweglich vorlaut leise

______________________________________________

______________________________________________

______________________________________________

- *Gegensatzpaare bilden*
- *Tiere mit Adjektiven beschreiben*

Name Klasse

## 4 Tiere sprechen lassen

**schreiben**

Reißzahn ist anders als andere Löwen.
Er schreibt seiner Mutter, was er gerne hat und was er nicht mag.

❶ Stell dir vor, du bist Reißzahn. Schreibe den Brief an seine Mutter.

Das mag er:

. . . lecker, köstlich, das ist fein, das wäre schön, hm . . .

Spargel Salat
Radieschen
Gurken Stille
Frieden

Das mag er nicht:

mag ich nicht, . . . macht mir Angst, . . . . . . . igitt, ekelhaft, . . .

tote Tiere Blut
Streit Fleisch
Jagd
Geschrei

Steht in euren Briefen, was Reißzahn möchte?

- *einen Brief schreiben und besprechen*
- *Stichwörter verwenden*

Name Klasse

## 4 Tiere sprechen lassen

Reißzahns Bruder Wildfang möchte jagen lernen.
Er schaut genau zu, wie es gemacht wird.

1 Lies, was Wildfang beobachtet hat.
Kreise die richtigen Verbformen ein.

**Auf der Jagd**

Die großen Löwen entdecken / entdeckt Zebras.

Lautlos schleichen / schleicht meine Mutter auf die Tiere zu.

Wir anderen bewegen / bewegt uns nicht.

Nur meine Tante fauchen / faucht leise.

Plötzlich rennen / rennt Mama los.

Die Zebras fliehen / flieht schnell.

Meine Mutter rutschen / rutscht aus. Schade!

2 Die Löwen tun so einiges. Setze die fehlenden Verbformen ein.

| | ich | der Löwe | die Löwen |
|---|---|---|---|
| entdecken | entdecke | entdeckt | entdecken |
| schleichen | | | |
| rennen | | | |
| fauchen | | | |
| fliehen | | | |

Beim Sprechen und Schreiben müssen die Verbformen immer zu den Personen passen.

Papa...
Reißzahn trifft...

Name Klasse

## 5 Ein Klassenfest planen und dazu einladen

Die Kinder möchten ein Klassenfest feiern.
Dazu wollen sie alle Eltern einladen.

**1** Stellt ein Programm für das Klassenfest zusammen.
Probiert in Gedanken verschiedene Möglichkeiten aus und sprecht darüber.

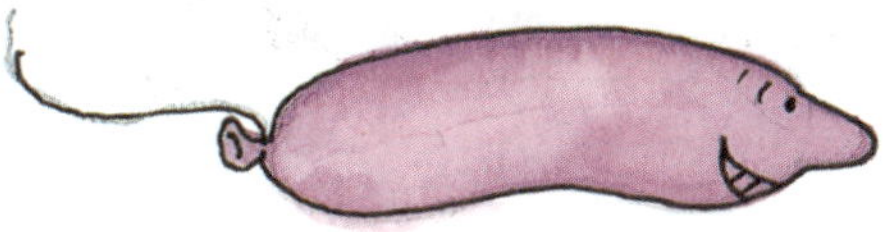

Programm

Name Klasse

## 5 Ein Klassenfest planen und dazu einladen

schreiben

- Kaffee, Kuchen und Limonade
- leckere Speisen und Getränke

- in unserem Klassenraum
- auf der Wiese hinter der Schule

- Unser spannendes Spiel
- Unser tolles Programm

- Freitag, 15.9., 16.00 Uhr
- letzten Schultag, 16.00 Uhr

**1** Schreibe eine Einladung für euer Klassenfest.

Liebe Eltern!
Am wollen wir alle zusammen feiern.
Wir treffen uns .
Wir haben uns einige Überraschungen für euch ausgedacht.
Es gibt auch .
wird euch bestimmt gefallen.
Alle sind herzlich eingeladen.
Eure Klasse . . .

Enthalten eure Einladungen alle wichtigen Angaben?



- *einen Lückentext so ergänzen, dass eine vollständige Einladung entsteht*

Name Klasse

## 5 Ein Klassenfest planen und dazu einladen

Monika und Tim haben gemeinsam eine Einladung geschrieben.
Aber darin fehlen wichtige Angaben.

**Wer**
lädt ein?

**Wo**
findet das
Fest statt?

> Liebe Eltern!
>
> Wir feiern nächste Woche ein Klassenfest.
>
> Wir haben uns ein schönes Programm für euch ausgedacht.
>
> Ihr seid herzlich eingeladen.

**Wann**
findet das
Fest statt?

**Was**
passiert?

❶ Schreibe selbst eine Einladung, in der alle wichtigen Angaben stehen.

Eine Einladung muss immer alle wichtigen Informationen enthalten.

EINLADUNG
LOSE

Name Klasse

## 6 Ein Rezept schreiben

**planen**

In manchen Schulen gibt es ein gesundes Frühstück.
Auch ihr könnt in Gruppen ein Müsli zubereiten.

**1** Kreuze 5 Zutaten an, die du für dein Müsli verwenden möchtest.

- ☐ 1 Tasse Haferflocken ☐ 2 Äpfel
- ☐ 1 Tasse Milch ☐ 2 Bananen
- ☐ 1 Tasse Cornflakes ☐ 2 Birnen
- ☐ 1 Löffel Sonnenblumenkerne ☐ etwas Honig
- ☐ Rosinen ☐ Zucker

**2** Schreibe Stichwörter zu den Bildern. Die Wörter unten helfen dir.

| | | | | |
|---|---|---|---|---|
| alles gut umrühren | Obst waschen oder schälen | Geräte auf den Tisch stellen | Obst mit dem Messer klein schneiden | alle Zutaten in die Schüssel füllen |

- *Bildern Stichwörter zuordnen*
- *Stichwörter zu Bildern schreiben*

Name Klasse

## 6 Ein Rezept schreiben

schreiben

Auch ihr könnt ein Kochbuch mit Rezepten für eure Klasse anlegen.

**1** Schreibe das Rezept auf.
Du kannst die Stichwörter verwenden.

So machen wir es:

- Zutaten und Geräte auf den Tisch stellen
- Obst waschen oder schälen
- mit dem Messer klein schneiden
- alle Zutaten in eine Schüssel geben
- alles gut umrühren

Zuerst stellen wir

Dann

Nun

Zuletzt

Überprüft die Reihenfolge in euren Rezepten.



*• mit Hilfe von Stichwörtern ein Rezept schreiben*

Name Klasse

# 6 Ein Rezept schreiben

Sabine hat ein Rezept für einen Obstsalat aufgeschrieben:
Ich brauche:

**1** In welche Reihenfolge gehören die Sätze? Nummeriere sie.

- ☐ Am Ende rühre ich alles gut um.
- ☐ Danach fülle ich alle Zutaten in eine Schüssel.
- ☐ Ich wasche und schäle das Obst.
- ☐ Mit einem Messer schneide ich alles klein.

**2** Schreibe das Rezept in der richtigen Reihenfolge auf.

Ich brauche:

So mache ich es:

In einem Rezept kommt es auf die richtige Reihenfolge der Schritte an.

# Mein Rezept

Name Klasse

## 7 Abenteuer auf dem Weg nach Panama

**planen**

Der kleine Tiger  und der kleine Bär  sind dicke Freunde . Eines Tages machen sie sich auf den Weg

und suchen Panama, das Land ihrer Träume.

Sie treffen viele Tiere.

**1** Schau dir die Tiere an. Wen treffen der kleine Tiger und der kleine Bär auf ihrer Reise?

Maus  Kuh  Hase Igel 

Der kleine Tiger und der kleine Bär treffen . . .

**2** Wen könnten sie noch treffen?

Illustrationen aus: Janosch: Oh, wie schön ist Panama. 1978 Beltz Verlag, Weinheim und Basel, Programm Beltz & Gelberg, Weinheim.

- *die Hauptfiguren eines Kinderbuches kennen lernen*
- *aufschreiben, welchen Tieren die Hauptfiguren begegnen*

Name Klasse

# 7 Abenteuer auf dem Weg nach Panama

**schreiben**

❶ Schreibe das Abenteuer von dem kleinen Tiger und dem kleinen Bären richtig herum auf.

suchen Bär kleine der und Tiger kleine Der ←

Tiere viele fragen Sie .Panama nach Weg den

.falsch aber ist

Das .links nach immer sie schicken Tiere Die .Weg dem nach

❷ Was glaubst du: Wo kommen die beiden an, wenn sie immer nach links gehen? Du kannst deine Idee malen oder aufschreiben.



• *einen Text mit ungewöhnlicher Leserichtung lesen und richtig aufschreiben*

Name Klasse

## 7 Abenteuer auf dem Weg nach Panama

Daniel hat auf dem Computer etwas über sein Lieblingsbuch geschrieben. Leider ist das Rechtschreibprogramm kaputt.

❶ Lies die Geschichte von Daniel.
Finde heraus, welche Wörter großgeschrieben werden.
Du kannst auch in der Wörterliste nachschlagen.

der kleine tiger und der kleine bär sind auf dem weg nach panama | sie gehen immer nach links | nach einer langen reise kommen sie wieder an ihrem kleinen haus unten am fluss an | sie . . .

❷ Schreibe Daniels Geschichte nun auf. Setze am Ende eines Satzes einen Punkt. Du kannst die Geschichte auch weiter schreiben.

Überprüft, ob ihr alle Nomen und die Satzanfänge großgeschrieben habt. Vergleicht den Schluss eurer Geschichten.

Satzanfänge und Nomen schreibt man groß.

- *Satzanfänge und Nomen großschreiben*
- *in einem Text Punkte setzen*

## Mein Abenteuer
## mit dem kleinen Tiger und dem kleinen Bären

Name Klasse

# 8 Mit der Familie das Wochenende verbringen

**Ein Ausflug am Wochenende**

Peter plant mit seiner Familie einen Wochenendausflug.
Wenn das Wetter schön ist, wollen sie mit den Rädern fahren.

**1** Bilde mit den Stichwörtern ganze Sätze und schreibe sie zu den Bildern.

①

②

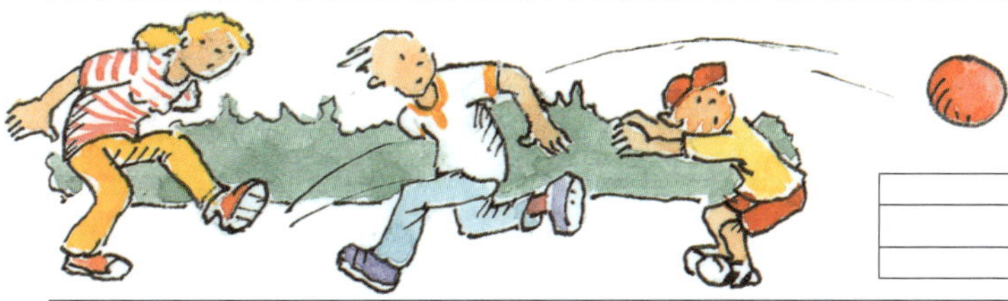

③

④

- *Stichwörter Bildern zuordnen*
- *Stichwörter in Sätze verwandeln*

# 8 Mit der Familie das Wochenende verbringen

schreiben

**Ein Wochenende bei Oma und Opa**

Michelle besucht am Wochenende mit ihren Eltern Oma und Opa, denn Oma wird am Sonntag 60 Jahre alt. Das wird ein großes Fest.

Geschenke einpacken

mit dem Auto nach . . . fahren

Oma mit . . . überraschen

gemeinsam Kaffee trinken

1. Schreibe auf, was Michelle am Wochenende erlebt.
   Verwende dazu die Stichwörter unter den Bildern.
   Du kannst auch schreiben, was du selbst am Wochenende erleben möchtest.

Erstellt eine Liste mit Ideen, wie ihr das Wochenende verbringen könnt. Nehmt auch Vorschläge aus euren Texten.

- *ein Erlebnis aufschreiben*
- *miteinander über Texte sprechen*

Name Klasse

## 8 Mit der Familie das Wochenende verbringen

Philipp hat aufgeschrieben, was er am Wochenende machen möchte.

1 Entscheide, welche Verben in die einzelnen Sätze passen.
Schreibe den Text dann vollständig auf.

**Ein Ausflug zum Ponyhof**

Am frühen Morgen ___ wir unsere Reitsachen. Dann ___ wir fröhlich zum Ponyhof. Wir ___ die Pferde aus dem Stall und ___ sie fleißig. Danach ___ wir durch den Wald und über die Felder. Wieder im Stall angekommen, ___ wir die Ponys mit leckeren Möhren. Zum Schluss ___ wir die Pferde noch auf die Weide neben dem Hof.

Eine Geschichte wirkt spannender und interessanter, wenn unterschiedliche und treffende Verben verwendet werden.

# MEIN WOCHENENDE

Name Klasse

## 9 Geschichten zu den Jahreszeiten schreiben

**planen**

❶ Ordne die Jahreszeiten den verschiedenen Stichwörtern zu.

den Drachen steigen lassen

die Koffer für die Ferien packen

einen Frühlingsstrauß pflücken

den Weihnachtsbaum schmücken

❷ Suche zu jeder Jahreszeit weitere Stichwörter und schreibe sie auf.

**Frühling:**

**Sommer:**

**Herbst:**

**Winter:**

Name Klasse

# 9 Geschichten zu den Jahreszeiten schreiben

**schreiben**

**Frühling**

Die Sonne scheint, der Frühling kommt.
Wir pflücken einen Blumenstrauß
aus Tulpen und Osterglocken.
Ich male die Ostereier bunt an.
Im Garten säen wir Samen aus,
damit viele schöne Blumen wachsen.

❶ Schreibe selbst eine Sommergeschichte oder eine Wintergeschichte. Benutze dabei deine Stichwörter von Seite 35.

Wie habt ihr in euren Geschichten die Jahreszeit beschrieben?



• *eine Geschichte zum Sommer oder zum Winter schreiben*

Name Klasse

## 9 Geschichten zu den Jahreszeiten schreiben

❶ Man kann eine Geschichte auch anders aufschreiben.
Lies die Frühlingsgeschichte deinem Partner laut vor.

**Frühling**

Die  scheint, der Frühling kommt.

Wir pflücken einen  aus  und .

Im  säen wir den  aus,

damit viele schöne  wachsen.

❷ Überlege, wie du diese Herbstgeschichte gestalten kannst.
Kreise die Wörter ein, die du als Bild darstellen möchtest.

**Herbst**

Der Wind bläst.

Der Herbst kommt.

Die Blätter fallen von den Bäumen.

Da lasse ich meinen Drachen steigen.

Er fliegt bis in die Wolken.

In der Schule basteln wir Laternen

für den Martinszug.

☆ Gedichte kann man mit Hilfe von Bildern gestalten.

# MEINE JAHRESZEITEN-GESCHICHTE

Name Klasse

## 10 Erlebnisse mit Tieren aufschreiben

**planen**

David hatte mit seinem jungen Hund Wölfchen ein schlimmes Erlebnis.
Doch es ist noch einmal gut ausgegangen.

❶ Schreibe zu jedem Bild einen Satz auf.

- *eine Bildergeschichte erzählen*
- *zu Bildern Sätze schreiben*

Name Klasse

## 10 Erlebnisse mit Tieren aufschreiben

**schreiben**

**David und sein Hund Wölfchen**

1. Schreibe die Geschichte von David und Wölfchen mit Hilfe der Stichwörter auf.

Sprecht über eure Geschichten.
Welche Stichwörter habt ihr verwendet?



• *eine Bildergeschichte mit Hilfe von Stichwörtern schreiben*

Name Klasse

## 10 Erlebnisse mit Tieren aufschreiben

**1** Wähle immer das Wort aus, das deiner Meinung nach am besten zu der Geschichte passt. Probiere die verschiedenen Möglichkeiten aus.

① war – ging – lief

② besaß – hatte – trug

③ rannte – lief – tobte

④ erblickte – sah – bemerkte

David ① mit seinem Hund Wölfchen spazieren.
Der Hund ② keine Leine. Er ③ frei herum.
Plötzlich ④ Wölfchen eine Katze. Er ⑤ sofort hinterher.
David ⑥, denn Wölfchen war verschwunden.
Da kam ein Mann mit Wölfchen auf dem Arm.
Er hatte den kleinen Hund gefunden.
Von jetzt an musste Wölfchen immer an der Leine ⑦.

⑤ stürmte – raste – rannte

⑥ weinte – heulte – vergoss Tränen

⑦ bleiben – gehen – laufen

Wortwiederholungen lassen sich vermeiden, wenn man in jedem Satz verschiedene Verben ausprobiert.

- *Verben mit ähnlicher Bedeutung für eine Geschichte auswählen*
- *einen Text mit Verben ergänzen*

# Meine Bildergeschichte

# Wörterliste

## A a

der **Abend**, die Abende
**aber**
der **Absender**, die Absender
die **Adresse**, die Adressen
**alle, alles**
**als**
**alt**
**am**
**an**
die **Angst**, die Ängste
**ängstlich**
**antworten**, er antwortet
der **Apfel**, die Äpfel
die **Apfelsine**, die Apfelsinen
der **April**
**auch**
**auf**
**aufmerksam**
der **August**
**aus**
**ausdenken**, sie denkt sich aus
der **Ausflug**, die Ausflüge
das **Auto**, die Autos

## B b

das **Bad**, die Bäder
der **Ball**, die Bälle
die **Banane**, die Bananen
der **Bär**, die Bären
**basteln**, er bastelt
der **Bauklotz**, die Bauklötze
der **Baum**, die Bäume
**bauen**, sie baut
das **Bein**, die Beine
**bemerken**, er bemerkt
der **Berg**, die Berge
der **Besuch**, die Besuche
**besuchen**, sie besucht
das **Bett**, die Betten
sich **bewegen**, er bewegt sich
**beweglich**
die **Birne**, die Birnen
**blasen**, sie bläst
das **Blatt**, die Blätter
**blau**
**blühen**, es blüht
die **Blume**, die Blumen
der **Blumenstrauß**, die Blumensträuße
das **Blut**
**brauchen**, er braucht
**braun**
**brav**
das **Brettchen**, die Brettchen
**bringen**, sie bringt
der **Busch**, die Büsche

## C c

der **Clown**, die Clowns
der **Computer**, die Computer
die **Cornflakes**

## D d

**danach**
**dann**
**das**
die **Decke**, die Decken
**dem**
**den**
**denn**
**der**
der **Dezember**
**dich**
**dick**
**die**
der **Dienstag**, die Dienstage
**dir**
der **Donnerstag**, die Donnerstage
die **Dose**, die Dosen
der **Drachen**, die Drachen
**du**
**durch**

## E e

die **Ecke**, die Ecken
**ein**, eine
**einkaufen**, er kauft ein
**einladen**, sie lädt ein
das **Eis**
der **Elefant**, die Elefanten
die **Eltern**
**endlich**
der **Engel**, die Engel
**entdecken**, er entdeckt
**er**
**erblicken**, sie erblickt
die **Erdbeere**, die Erdbeeren
das **Erlebnis**, die Erlebnisse
**erschöpft**
**es**
**essen**, er isst
**euch**

## F f

**fahren**, sie fährt
das **Fahrrad**, die Fahrräder
die **Familie**, die Familien
**fauchen**, er faucht
der **Februar**
**feiern**, sie feiert
das **Fenster**, die Fenster
die **Ferien**
das **Fest**, die Feste
**finden**, er findet, er fand
der **Fisch**, die Fische
das **Fleisch**
die **Fliege**, die Fliegen
**fliegen**, sie fliegt, sie flog
**fliehen**, er flieht
der **Fluss**, die Flüsse
**forschen**, sie forscht
**fragen**, er fragt
der **Freitag**, die Freitage
**fressen**, es frisst
sich **freuen**, sie freut sich
der **Frieden**
**froh**
**fröhlich**
**früh**
der **Frühling**
**für**
der **Fußball**, die Fußbälle
**füttern**, er füttert

## G g

die **Gans**, die Gänse
**ganz**
der **Garten**, die Gärten
**geben**, sie gibt
der **Geburtstag**, die Geburtstage
das **Gebüsch**
das **Gedicht**, die Gedichte
**gehen**, er geht
**gehorchen**, sie gehorcht
**gelb**
**gemeinsam**
**gemütlich**
das **Gerät**, die Geräte
das **Geschenk**, die Geschenke
das **Geschrei**
das **Gespenst**, die Gespenster
**gesund**
die **Gesundheit**
das **Getränk**, die Getränke
das **Glück**
**glücklich**
der **Glückwunsch**, die Glückwünsche
die **Glückwunschkarte**, die Glückwunschkarten
**gratulieren**, er gratuliert
**grillen**, sie grillt
**groß**
**grün**
der **Gruß**, die Grüße
die **Gurke**, die Gurken

## H h

**haben**, er hat
die **Haferflocke**, die Haferflocken
der **Hahn**, die Hähne
der **Hamburger**, die Hamburger
der **Hamster**, die Hamster
der **Hase**, die Hasen
das **Haus**, die Häuser
**heiß**
der **Herbst**
**herzlich**
**heulen**, sie heult

**hier**

**hinter**

**hinterher**

**hocken**, er hockt

der **Honig**

**hoppeln**, es hoppelt

der **Hund**, die Hunde

die **Hupe**, die Hupen

## I i

**ich**

die **Idee**, die Ideen

der **Igel**, die Igel

**ihm**

**ihn**

**ihnen**

**ihr**

**im**

**immer**

**in**

## J j

die **Jacke**, die Jacken

die **Jagd**, die Jagden

**jagen**, sie jagt

das **Jahr**, die Jahre

der **Januar**

**jetzt**

**jonglieren**, sie jongliert

der **Juli**

der **Junge**, die Jungen

der **Juni**

## K k

der **Kaffee**

der **Käfig**, die Käfige

der **Kahn**, die Kähne

**kalt**

die **Karte**, die Karten

der **Kartoffelsalat**, die Kartoffelsalate

die **Kastanie**, die Kastanien

der **Kater**, die Kater

die **Katze**, die Katzen

das **Kind**, die Kinder

die **Kirsche**, die Kirschen

die **Kiste**, die Kisten

die **Klasse**, die Klassen

das **Klassenfest**, die Klassenfeste

**klein**

das **Kochbuch**, die Kochbücher

der **Koffer**, die Koffer

**kommen**, er kommt

**können**, sie kann

der **Korb**, die Körbe

**köstlich**

**krabbeln**, er krabbelt

die **Küche**, die Küchen

der **Kuchen**, die Kuchen

die **Kuh**, die Kühe

**kunterbunt**

## L l

**langsam**

**lassen**, sie lässt

die **Laterne**, die Laternen

das **Laub**

**laut**

**lecker**

die **Leine**, die Leinen

**leise**

**lernen**, er lernt

**lieb**

**lieben**, sie liebt

das **Lied**, die Lieder

die **Limonade**, die Limonaden

**links**

der **Löffel**, die Löffel

das **Los**, die Lose

der **Löwe**, die Löwen

die **Lupe**, die Lupen

**lustig**

## M m

**machen**, er macht

der **Mai**

der **Mann**, die Männer

der **Martinszug**, die Martinszüge

der **März**

die **Maus**, die Mäuse

das **Meerschweinchen**, die Meerschweinchen

**mehr**

das **Messer**, die Messer

**mich**

die **Milch**

**mir**
**mischen,** sie mischt
**mit**
der **Mittag,** die Mittage
der **Mittwoch,** die Mittwoche
die **Möhre,** die Möhren
der **Montag,** die Montage
der **Mund,** die Münder
das **Müsli,** die Müslis
**müssen,** er muss
**mutig**

## N n

**nach**
der **Name,** die Namen
der **Namenstag,** die Namenstage
die **Nase,** die Nasen
**neben**
**nehmen,** sie nimmt, sie nahm
**nicht**
**nie**
**noch**
der **November**
die **Nudel,** die Nudeln
**nun**

## O o

das **Obst**
der **Obstsalat,** die Obstsalate
**oder**
**offen**
**ohne**
der **Oktober**
das **Osterei,** die Ostereier
die **Osterglocke,** die Osterglocken
der **Osterhase**

## P p

**packen,** er packt
**Panama**
**passieren,** es passiert
das **Pferd,** die Pferde
das **Picknick,** die Picknicks, die Picknicke
der **Pilz,** die Pilze
die **Pizza,** die Pizzas/die Pizzen
**plötzlich**
das **Programm,** die Programme
der **Pudding,** die Puddings/ die Puddinge
die **Puppe,** die Puppen
der **Puppenwagen,** die Puppenwagen
**putzen,** sie putzt

## Q q

der **Quark**

## R r

**Rad** fahren, er fährt Rad
das **Radieschen,** die Radieschen
**rasen,** sie rast
der **Raum,** die Räume
das **Regal,** die Regale
der **Regen**
der **Regenschirm,** die Regenschirme
die **Reise,** die Reisen
**reiten,** er reitet, er ritt
**rennen,** sie rennt, sie rannte
das **Rezept,** die Rezepte
**riesengroß**
die **Rose,** die Rosen
**rot**
der **Rucksack,** die Rucksäcke
die **Rutsche,** die Rutschen
**rutschen,** er rutscht

## S s

**sackhüpfen**
**säen,** sie sät
**sagen,** er sagt
die **Sahne**
der **Salat,** die Salate
**sammeln,** sie sammelt
der **Samstag,** die Samstage
der **Sandkasten,** die Sandkästen
**schälen,** er schält
**schauen,** sie schaut
die **Schaukel,** die Schaukeln
die **Schildkröte,** die Schildkröten
**schlafen,** er schläft

**schlecht**
**schmecken,** es schmeckt
**schmücken,** sie schmückt
der **Schnee**
der **Schneemann,** die Schneemänner
**schneiden,** er schneidet
**schnell**
**schön**
der **Schrank,** die Schränke
**schreiben,** sie schreibt
**schreien,** er schreit, er schrie
der **Schuh,** die Schuhe
die **Schüssel,** die Schüsseln
**schwach**
**schwarz**
das **Schwimmbad,** die Schwimmbäder
**schwimmen,** sie schwimmt
**sehen,** er sieht, er sah
**sein,** du bist, er ist, wir sind
**sein,** seine
der **September**
der **Sessel,** die Sessel
**sich**
**sie**
**sitzen,** sie sitzt, sie saß
**Skateboard** fahren, er fährt Skateboard
**Ski laufen,** sie läuft Ski
**so**
der **Sommer**
die **Sonne,** die Sonnen
der **Sonnenblumenkern,** die Sonnenblumenkerne
der **Sonntag,** die Sonntage
die **Spaghetti** / die Spagetti
der **Spargel,** die Spargel
**spazieren** gehen, er geht spazieren
**spielen,** sie spielt
die **Spielsachen**
**stark**
**steigen,** er steigt
der **Stein,** die Steine
**stellen,** sie stellt
die **Stelze,** die Stelzen
der **Stiefel,** die Stiefel
**stören,** er stört
die **Straße,** die Straßen
der **Streit**
der **Sturm,** die Stürme
**suchen,** sie sucht, sie suchte

## T t

die **Tasse,** die Tassen
der **Teddybär,** die Teddybären
der **Tee**
das **Tier,** die Tiere
der **Tiger,** die Tiger
der **Tisch,** die Tische
**toben,** er tobt
**toll**
die **Tomate,** die Tomaten
die **Torte,** die Torten
**träge**
**tragen,** sie trägt, sie trug
die **Träne,** die Tränen
**traurig**
**treffen,** er trifft
sich **treffen,** sie trifft sich, wir treffen uns
**trinken,** er trinkt
der **Turm,** die Türme
**turnen,** sie turnt

## U u

**über**
**überall**
**überlegen,** er überlegt
die **Überraschung,** die Überraschungen
**um**
**umrühren,** sie rührt um
**und**
**unser,** unsere
**unter**

## V v

der **Vater,** die Väter
**vergießen,** er vergießt Tränen
**verspielt**
**verreisen,** sie verreist
**verschwinden,** er verschwindet
**viel**
der **Vogel,** die Vögel
das **Vogelhaus,** die Vogelhäuser
**vom**
**von**
**vor**
**vorlaut**

## W w

| | |
|---|---|
| | **wachsen,** sie wächst |
| der | **Wald,** die Wälder |
| | **wandern,** er wandert |
| | **wann** |
| | **warum** |
| | **was** |
| | **waschen,** sie wäscht |
| | **weg** |
| der | **Weg,** die Wege |
| | **weglaufen,** er läuft weg |
| | **Weihnachten** |
| der | **Weihnachtsbaum,** die Weihnachtsbäume |
| | **weinen,** sie weint |
| | **weiß** |
| der | **Wellensittich,** die Wellensittiche |
| | **wen** |
| | **wenn** |
| | **wer** |
| das | **Wetter** |
| | **wieder** |
| die | **Wiege,** die Wiegen |
| die | **Wiese,** die Wiesen |
| | **wild** |
| der | **Wind,** die Winde |
| der | **Winter** |
| | **wir** |
| | **wo** |
| das | **Wochenende,** die Wochenenden |
| | **wohnen,** er wohnt |
| das | **Wohnzimmer,** die Wohnzimmer |
| die | **Wolke,** die Wolken |
| | **wollen,** sie will |
| das | **Wollknäuel** |
| der | **Wunsch,** die Wünsche |
| | **wünschen,** er wünscht |
| der | **Wurm,** die Würmer |
| die | **Wurst,** die Würste |

## X x Y y

## Z z

| | |
|---|---|
| die | **Zahl,** die Zahlen |
| der | **Zahn,** die Zähne |
| das | **Zebra,** die Zebras |
| das | **Zelt,** die Zelte |
| die | **Ziege,** die Ziegen |
| das | **Zimmer,** die Zimmer |
| der | **Zirkus,** die Zirkusse |
| der | **Zoo,** die Zoos |
| | **zu** |
| der | **Zucker** |
| | **zuerst** |
| | **zu Hause** |
| | **zuletzt** |
| | **zum** |
| | **zurück** |
| | **zusammen** |
| die | **Zutaten** |
| der | **Zwerg,** die Zwerge |
| | **zwischen** |